novum
PRAXIS

novum
PRAXIS

Dieter Urban

GESTALTUNG VON VISITENKARTEN

Bruckmann

Herausgegeben in Zusammenarbeit mit

novum
gebrauchsgraphik

Internationale Monatszeitschrift für Kommunikationsdesign

Gedruckt auf chlorarm gebleichtem Papier

Die Deutsche Bibliothek – CIP-Einheitsaufnahme

Urban, Dieter:
Gestaltung von Visitenkarten / Dieter Urban. [Hrsg. in Zusammenarbeit mit Novum Gebrauchsgraphik, internat. Monatszeitschr. für Kommunikationsdesign]. – München : Bruckmann, 1993
(Novum Praxis)
ISBN 3-7654-2632-6

Gesamtherstellung: Bruckmann, München
Druck: Gerber + Bruckmann, München
Printed in Germany
ISBN 3-7654-2632-6

Inhalt

Einführung

Der erste Eindruck zählt 6
Sinn und Verwendungszweck von Visitenkarten

Kapitel eins

Der geschäftliche Verkehr 14
Teil der visuellen Unternehmenskultur

Kapitel zwei

Der private Kontakt 30
Teil des persönlichen Auftritts

Kapitel drei

Form/Format/Formation/Information 38
Konzeption und Gestaltung

Kapitel vier

Gestaltungsmittel Schrift 46
Syntaktik, Semantik, Pragmatik

Kapitel fünf

Bedruckstoffe und ihre Bearbeitung 78
Materialien, Techniken, Produktion

Kapitel sechs

Checkliste 88
Punkte, auf die es bei der Visitenkartengestaltung ankommt

Anhang

Adressenliste der Designer 92 – Register 94 –
Weitere Literatur 94

Einführung

Der erste Eindruck zählt

Sinn und Verwendungszweck von Visitenkarten

Die Visitenkarte ist Ausdruck einer Person oder Persönlichkeit. Entscheidend bei der Gestaltung von Visitenkarten sind zwei Grundfragen:

– Wie sehe ich mich selbst?
  Wo stehe ich?
  Was will ich?
  Wer bin ich? –
  Das ist mein **Selbstbild.**

– Wie sehen mich die anderen?
  Wo kommt er her?
  Was kann er für uns tun?
  Wer ist das eigentlich? –
  Das ist mein **Fremdbild.**

Weil das äußere Bild (die Form) von der Funktion (dem Inhalt) abhängig ist, also (fast) alles möglichst so aussieht, wie es denkt, handelt, arbeitet oder wirkt – muß auch der Auftritt zu einer Demonstration werden, welche dem **ersten Eindruck** gewachsen sein sollte. Wenn wir auf den Seiten 8/9 die vier Beispiele von (stummem) Auftreten betrachten, machen wir uns ein Bild von einer Person, welches durch **indirekten** Kontakt zustande kommt: Keiner der vier Visitenkartenbesitzer hat also – wenn er die Karte gleich bei der ersten Kontaktaufnahme überreicht – die Möglichkeit, durch Mimik, Gestik oder Körperspiel – und schon gar nicht durch sprachliche Artikulation – dieses **erste** Bild positiv zu unterstützen oder gar zu korrigieren:

- Thomas Groha scheint ein Mensch zu sein, welcher ein ungestörtes Verhältnis zur Ästhetik hat; die unterschiedlichen Raumabmessungen beziehungsweise -abstände signalisieren »Harmonie durch Disharmonie« – Spannungsverhältnisse, die den Charakter des Schrifttyps Futura in Verbindung mit dem Grau-Druck angenehm unterstützen beziehungsweise mit Linien dem Ganzen eine dezent-vornehme Anmutung verleihen.
- Heinz Loock dagegen bevorzugt die konventionelle Linie; allerdings nur, was die typografische Anordnung betrifft. Die demonstrative Kleinschreibung seiner Personalien läßt in etwa auf Alter und ideologische Perspektiven schließen. Darüber hinaus bewegt er sich im Zeitgeist der modernen Kommunikation – Format und abgerundete Ecken seiner Visitenkarte sind dem Erscheinungsbild des »Plastik-Zahlungsmittels« CreditCard angeglichen.

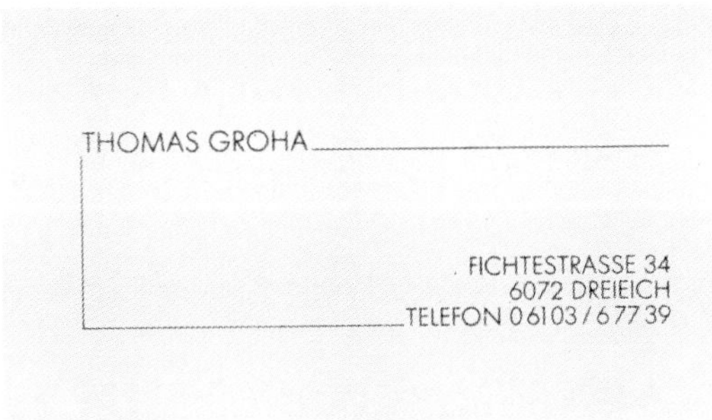

- Kalligrafisch tritt der Designer Rolf Krämer auf; sein Blickfang-Motiv ist nicht der Name, sondern die Berufsbezeichnung. Der entsprechende Schriftzug ist auch gleich durch das Zeichen © geschützt. Hier denken wir an einen dynamischen, aufgeschlossenen Vertreter seiner Sparte.
- Schließlich das Gegenstück dazu – der akkurate (wahrscheinlich ältere) Gebrauchsgraphiker (mit ph geschrieben), der im Berufsverband organisiert ist, von der Kontinuität seiner Leistungen lebt und wahrscheinlich auch eine andere Klientel bedient.

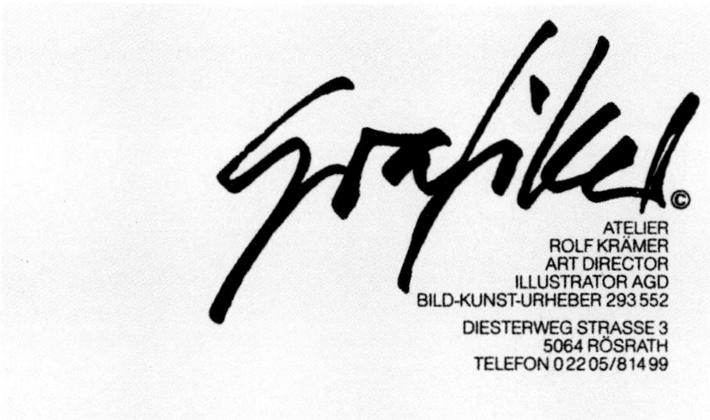

Zugegeben, diese Einschätzungen sind subjektiv, das heißt sie müssen nicht mit der Realität identisch sein; aber das ist eben das Risiko, mit dem die Gestalter von Visitenkarten leben müssen (seien es nun selbst entworfene oder in Auftrag gegebene): Die Empfänger bekommen Ersteindrücke geliefert; diese **zählen,** ohne daß sich das Corpus delicti dagegen wehren kann. Wenn nämlich die Karte erst einmal gedruckt ist, ist es zu spät für Kurs-Korrekturen. Anders ausgedrückt: Der Sinn und Verwendungszweck einer Visitenkarte ist die Namens-(Berufs- und Adressen-)Nennung bei der in der Regel nichtpersönlichen Vorstellung beziehungsweise der Überlassung für Dritte oder weitere, die die jeweilige Person häufig erst einmal **nicht zu Gesicht** bekommen. Wichtigste Anforderung an den Entwerfer solcher Vorstellungskarten ist deshalb die **Übereinstimmung** von Art, Status und Persönlichkeit des Auftraggebers mit der Gestaltung einer entsprechenden Karte – die Identität von Form und Inhalt.
Heutzutage hat es sich allerdings eingebürgert, daß Visitenkarten nicht mehr nur Erstkontakte vermitteln, sondern mehr oder minder Adressenangaben als »Gedächtnisstütze« hinterlassen, nachdem Geber und Empfänger bereits ein Gespräch geführt haben. Aber auch da macht es einen kurios bis irritierenden Eindruck, wenn der »Anzug« in Form einer Visitenkarte nicht zu seinem Träger paßt – wenn er zu groß, zu modisch oder zu ärmlich daherkommt.
Auch hier gilt – wie beim Schneider – zuerst Maß nehmen, mindestens eine Anprobe einplanen, dann erst fertigstellen! Abgesehen davon gibt es auch Anzüge »von der Stange« oder »Maßkonfektion«. **Wichtig ist auf jeden Fall, daß Hersteller, Träger und Produkt eine optische und wesensbezogene Einheit bilden.** Darüber wird auch noch in Kapitel eins und zwei zu reden sein, wenn die Visitenkarte als **Teil des** geschäftlichen oder privaten **Ganzen** fungiert.

Der Gebrauch von Karten, die dem Bediensteten aufs Silbertablett gelegt wurden, war schon vor fast drei Jahrhunderten üblich. Es entstanden »gestochene Karten«, mit denen sich Kaufleute bei ihren Kunden in Erinnerung brachten und somit Werbung trieben. Diese Empfehlungskärtchen waren aber nur bestimmten Geschäftszweigen vorbehalten; zum Teil wurden sie von besonders reputierten Künstlern entworfen und sorgfältig ausgeschmückt. Der wohl bedeutendste Radierer und Ornamentstecher des französischen Barock, Jean Lepautre (1618–1682), von dem unter anderem Entwürfe für Gärten, Gebäudefassaden, Möbel, Kamine, Portale, Altäre und Kanzeln stammen, **stach** und **radierte** neben Landschaften, historischen und religiösen Szenen auch mit die ersten Geschäfts-(Besuchs-)Karten.

Danach wurden Geschäftskarten, vor allem ab dem 18. Jahrhundert, zur »Modeerscheinung«. Goldschmiede, Uhrmacher, Tuchhändler und Vertreter anderer Luxusbranchen, welche ein vorwiegend aristokratisches Kundenpotential umwarben, verschickten Geschäftskarten – das gehörte damals einfach zur Etikette.
Als Wegbereiter der privaten Besuchskarten sind die dann bereits **gedruckten** Exemplare anzusehen, welche Anfang des 18. Jahrhunderts in Frankreich erschienen. Diese waren zunächst hauptsächlich dem Adel zu rein persönlichen Zwecken vorbehalten; erst einige Zeit später konnte sich die Bourgeoisie dieser Etikette anschließen. Ausgeschmückt wurden diese Karten dann wieder mit Ornamenten. Sowohl die etwa 100 Jahre älteren Geschäftskarten als auch die ausgesprochen privat anmutenden nachfolgenden Visitenkarten (deshalb französisch visiter = besuchen, weil sie in Frankreich zuerst aufkamen) wurden bis etwa 1790 nur in kleinen Auflagen adaptiert, meist von Buchgrafikern entworfen und waren auch nur einer kleinen (Ober-)Schicht von Geschäftsleuten und Privatiers möglich.
Indes, was eingangs über menschliche **Identität** gesagt wurde, trifft auch auf Unternehmen des 20. und 21. Jahrhunderts zu – die schließlich von Menschen geführt werden und für Menschen Waren herstellen und verteilen oder Service-Leistungen anbieten: Das Selbstbild eines Unternehmens ist seine »Identity«, sein Fremdbild ist sein »Image«.
Wenn im Marketing der sechziger und siebziger Jahre erstmals von **Corporate Identity** gesprochen wurde, so war damit gemeint, daß beispielsweise nicht der Mercedes-Stern allein das Image von Daimler-Benz darstellt. Er ist nur das Symbol, der Kulminationspunkt

des Mercedes-Produktes, hinter denen jeder Daimler-Mitarbeiter steht – ob er den »guten Stern« auf dem Arbeitsmantel trägt oder auf der Krawatte. Vom Schrauben-Anzieher hinter dem Fließband bis zum Aufsichtsratsvorsitzenden am Tisch sind sie alle »Mercedes«; alle fühlen eine hautnahe Identität zu ihrem Unternehmen. Wenn es gut geht, denkt sich jeder: »Ich bin ein Daimler!«

DAIMLER-BENZ AG

Postfach 600202, 7000 Stuttgart 60

Telefon (0711) 17-0
Telex 72524-0 db d
Teletex 7111016 – DBut
Telefax (0711) 17-2244
Telegramm-Kurzanschrift
daimlerbenz (7000) stuttgart 60

Telefax-Durchwahl
17-

Telex-Durchwahl
72524

Der Nationalstolz ist die deutlichste Kollektiv-Identität, die ein Bürger zu seinem Staat haben kann. Wenn er beispielsweise die Nationalhymne mitsingt, zeigt er dies gern vor aller Welt. Wenn hingegen ein enttäuschter Fußballfan seine Vereinsfahne verbrennt, hat er seine Identität zum Verein verloren.
So wie wir von der Natur Formen übernommen haben, übernehmen wir auch im Design die Abhängigkeit der Form von der Funktion: Corporate Identity (kurz CI) beginnt mit der Unternehmenphilosophie und endet mit dem Markenzeichen. – Konstruktives Handeln ist die logische Konsequenz von richtigem Denken. Wer damit Erfolg hat, denkt zwangsläufig irgendwann einmal darüber nach, wie er diesen vorzeigen kann. Wer denken beziehungsweise mitdenken lassen will, kann sich beraten lassen. Die Entscheidung über die Anwendung von Demonstrationsmodulen kann ihm jedoch niemand abnehmen.

Genzsch & Heyse
Schriftgießerei A.G., Hamburg

Telephon Gruppe 6, Nr. 3791, 3792 · Bankkonto Commerz- und Disconto-Bank · Postscheckkonto Hamburg 4979 · Telegramm-Adresse Genzeyse-Hamburg · Auszeichnungen: Paris 1900 Goldene Medaille, St. Louis 1904 Großer Preis und Brüssel 1910 Grand Prix

Zweiggeschäft in München

Hamburg, 19
Richardstraße 45

Vor der Mitte unseres Jahrhunderts gab es noch überwiegend patriarchalisch aufgebaute Familienunternehmen. In der Zwischenphase – nach Gründung der Bundesrepublik – hatten wir den Trend zu Gesellschaften. In den sechziger und siebziger Jahren wuchsen dann Firmen zu Konzernen zusammen, um wettbewerbsfähig zu bleiben. Diese Entwicklung hat zunächst der Profilierung von Unternehmen mehr geschadet als Nutzen gebracht: »Wer ist der Chef, wie sieht er aus?« war eine Frage, die auf einmal nicht mehr zu beantworten war; es gab fürderhin nur mehr Leitende und Erfüllende. Später wuchs dann die Einsicht, daß ein gutes Team besser arbeitet als die beste Hierarchie – daß die Souveränität eines Unternehmens vor allem auf dem »Wir-Gefühl« beruht (Synergie-Effekt).

Jeder Mensch, der **offiziell** einem Mitmenschen, einer Gruppe von Menschen, einer Firma oder einer Institution gegenübertritt, ist »Unternehmer in eigener Sache« – er wirkt empfehlend, werbend, meinungsbildend. Seine Visitenkarte ist eine der wichtigsten Säulen der partnerschaftlichen Kommunikation, weil sie ein Bild von ihm vermittelt. Daß dieses Bild in seinem Sinne und mit ihm identisch ist – das ist Aufgabe und Funktion dieses »Erstkontakt-Mediums«.

Genzsch & Heyse
Schriftgießerei Aktiengesellschaft, Hamburg
Bank-Konto: Commerz- und Discontobank in Hamburg / Postscheck-Konto unter Nr. 4979
Fernsprech-Anschlüsse: Merkur 3791 und 3792 / Telegramm-Adresse: Genzeyse, Hamburg
Zweiggeschäft in München
Hamburg 22, ... 19.....
Richardstraße 45

Kapitel eins

Der geschäftliche Verkehr

Teil der visuellen Unternehmenskultur

Unternehmenskommunikation als Folge von Unternehmensprofilierung ist heute ein vierdimensionaler Prozeß:

1. Dimension

Bildung einer Firmenphilosophie, welche von der Marketingabteilung intern oder von externen Beratern formuliert wird. – Die Struktur der wirtschaftlichen, technologischen, sozialen, soziologischen, politischen, kulturellen und ökonomischen Grundwerte ergibt die Marktposition der Firma. Der Designer wird dann zum Auftragnehmer, wenn der Standort des Unternehmens im Markt in eine bestimmte Richtung festgeschrieben oder korrigiert werden soll.

2. Dimension

Entwicklung einer Identitätsstrategie als Grundlage für die Identitätspolitik. Hier sprechen wir von dem inzwischen klassisch gewordenen Begriff »Corporate Identity«. Ein visuales Erscheinungsbild ist keine einmalige Performance wie zum Beispiel eine Verkaufsanzeige, keine situationsbedingte Äußerung, kein pathetisches Credo. Eher ist es ein konzentriertes, konsequent-kontinuierliches »Auftritt-System«, bei dem das Ganze mehr ist als die Summe seiner Teile – mit dem Ziel der Wirkungssteigerung.

3. Dimension

Bezeichnungen finden und Zeichen setzen. »Corporate Design« ist die konkrete Form des abstrakten Inhalts Corporate Identity. – Visuelle Kommunikation ist die abgeschlossene Umsetzung von Botschaft in Logistik. Die Gestalter sprechen von sogenannten »Codes«, welche für entsprechende Anwender »decodierbar« sein müssen – im Falle unseres Beispiels für Ärzte, Apotheker und Patienten:

In einem sogenannten »Gestaltungsraster« werden die Designelemente **Schrift, Farbe** und **Format** als **visuelle Konstanten** fixiert und »per Langzeitplan« realisierbar gemacht.

4. Dimension

Anwendung dieses Systems in der Praxis, das heißt Zusammenfügen der Bausteine, der Zeichen – zu einem sogenannten »Superzeichen«, zu einem Modul. Weil die Teile dieses Moduls genormt sind, haben alle Module eine Wesensverwandtschaft, die den Benützern und Verbrauchern formal intakt erscheint und deshalb von ihnen akzeptiert wird. »Corporate Image« breitet sich aus. Bedingung ist jedoch, daß sich gleichzeitig jede visuelle **und** verbale Äußerung mit dem Unternehmensauftritt vereinbart.

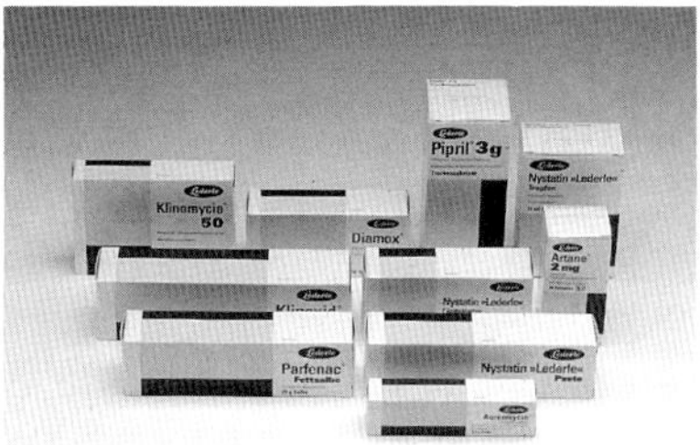

Im Falle LEDERLE war die **Geschäftskarte** einer der visuellen Teile des Auftritt-Systems – die Gestalter sprechen von »Corporate Behavior«.

Corporate Identity – Corporate Culture – Corporate Communications – Corporate Design – Corporate Image

sind die fünf Säulen, auf denen ein Unternehmen steht.

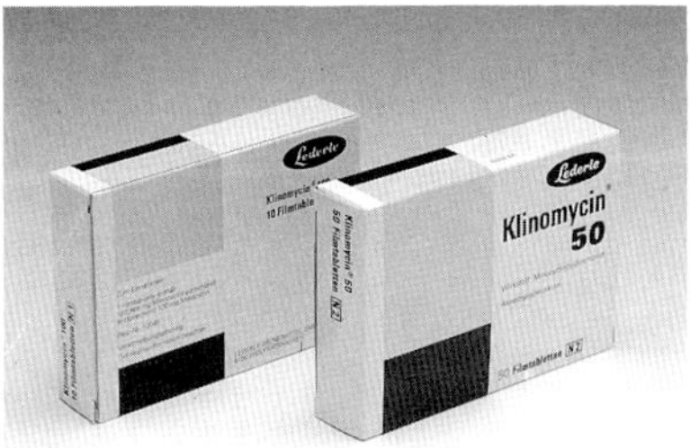

Während in der Anonymität der Mensch sein Profil verlieren kann (z. B. das Sektenmitglied, das sich seinen Kopf kahlscheren läßt, oder der Soldat, der sich hinter seiner Uniform versteckt), muß in der Individualität das Unternehmen – hier eine pharmazeutische Firma – sein Profil wie eine Flagge zeigen, das heißt, sich durch die Ausstattung seiner Produkte einen stabilen Auftritt verschaffen.

LEDERLE ist ein Produzent hochwertiger Arzneimittel und unternimmt mit seinem Corporate Design alle Anstrengungen, sich im Markt nicht nur von den vielen Bil-

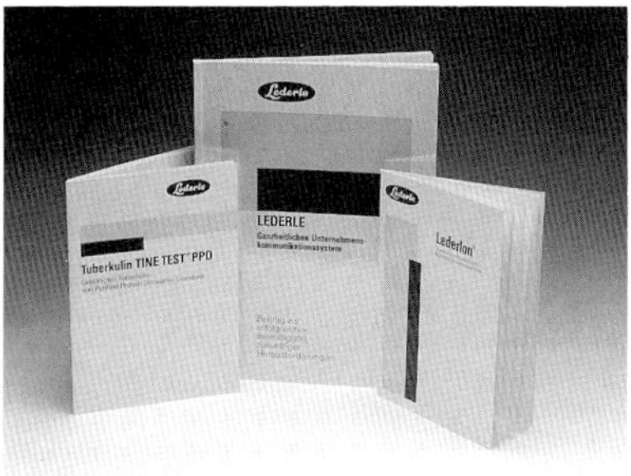

lig-Anbietern abzusetzen, sondern auch unter den Ärzten und Apothekern ein eigenständiges Image zu prägen: Erstmals in der pharmazeutischen Industrie ist hier das visuelle Erscheinungsbild nicht präparat-/wirkstoff-, sondern **markenorientiert,** das heißt sämtliche Packungen haben die gleichen Farben (Gelb/Blau) in formatabhängigen Proportionen und die gleiche Schrift beziehungsweise typografische Anordnung. LEDERLE-Produkte sind somit (als Gesamtheit) unverwechselbar.

CORPORATE IDENTITY (Philosophie)
– Verhaltensweisen im sozial-, wirtschafts- und unternehmenspolitischen Bereich: Unternehmen und Mitarbeiter intern und extern

CORPORATE CULTURE (Unternehmenskultur)

CORPORATE COMMUNICATIONS (Inhalt) — **Leitbild (Credo)** — **CORPORATE DESIGN (Form)**

Dienstleistung

Ware Herstellung
(Investitions-, Konsumgüter)
Handel
(Großhandel, Einzelhandel)

Branche
Unternehmensgröße
Positionierung
Konkurrenz

etabliert	(traditionell)
führend	(klassisch)
alt	(konservativ)
auf neu gemacht	(Relaunch)
neu	(dynamisch, innovativ, progressiv)

Markt verteidigen
Neue Märkte öffnen
(Zielgruppenerweiterung)

jüngere
ältere
preisbewußte
prestigebewußte
kaufkräftigere Adressaten

konventionelle
High-Tech-Produkte

Unter-nehmen
– Standort-bestimmung

– Auswertungsergebnisse des Fragenkatalogs:
Unternehmensstrategie
Mitarbeiterstrategie

Visuelle Konstanten
– Gestaltungsraster, Repertoire

CORPORATE IMAGE (Unternehmenspersönlichkeit)
– Bestätigung oder Veränderung des Selbst- und/oder Fremdbilds

Bei LEDERLE liegen Packungslinie, Briefbögen, Visitenkarten, Formulare, Anzeigenkonzepte, Produktfolder und Praxisreporte bereits vor, für andere Unternehmen kann dies alles auf der Basis des nebenstehenden Schaubilds erstellt werden, unter anderem eben auch die Visiten-/Geschäftskarte.

Fragen: Wer bin ich? Wo stehe ich? Wo will ich hin?
Wie sehe ich mich selbst? Wie sehen mich die anderen?
Wie will ich (künftig) gesehen werden?
Wer sind wir? Was ist unsere unternehmerische Mission?
Was verbindet uns? Verstehen wir uns?

Verständlichkeit + Wirksamkeit	= Funktion = visuelles Erscheinungsbild
Schutzmarke/Logo	= Firmennamen-Kürzel, Code semantisch/syntaktisch/ pragmatisch abgestimmt
Farben	= Hausfarbe(n) (+ Farbskala für diverse Bereiche)
Schrift/Typografie	= adäquates Klima (spezifische Schrifttype = spezifisches Unternehmen)

nach innen: Fassade, Beschilderung, Inventar etc.
nach außen: Drucksachen, VKF-Material, Werbung, Public Relations, Messestände etc.

Bedingungen:	soziokulturell	– Kultur, Klasse, Situation	Adressaten
	geistig	– Intellekt, Bildungsgrad, Vorinformation	
	psychologisch	– Motivation, Interesse, Wahrnehmungssensibilität	

Die Art und Weise, wie eine Firma heutzutage geschäftlich verkehrt, ist ein Komplex, der im Ansatz mit nebenstehendem Fragenkatalog angegangen werden kann. Allen im ökonomischen, soziologischen und sozialen Bereich wichtigen Handlungen ein systematisches »Outfit« zu geben und dadurch das Corporate Design prägnant und unverwechselbar zu machen, ist das Ziel der Corporate Identity. Erreicht werden kann dies mit Hilfe eines Unternehmensleitbildes, der sogenannten »Corporate Attitude«, und den sich daraus ergebenden Vorgehensweisen (»Corporate Strategy«).

Mit der Beantwortung folgender Fragen durch einen von fünf Auswertungsvorschlägen läßt sich ein Analysen-Profil erstellen, das sofort über Ausgewogenheit oder extreme Situationen aufklärt.

Auf der rechtsstehenden Tabelle ist der jeweilige Schnittpunkt zu markieren. Die Verbindung sämtlicher Schnittpunktmarkierungen ergibt dann eine Kurve.

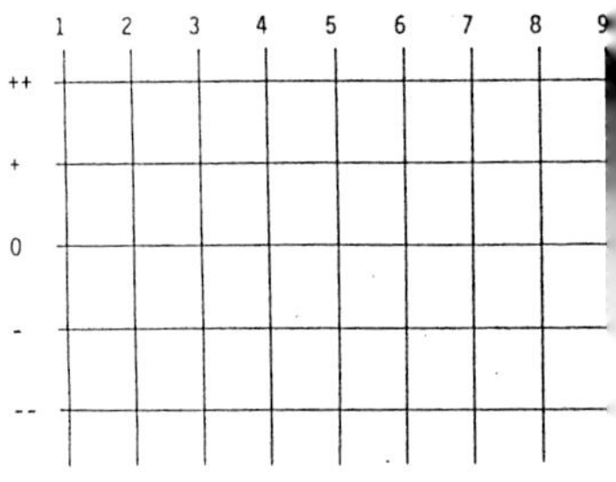

Fragenkatalog (Selbstkonzept-Befragung)

Objektive Daten

1. Bedient Ihr Unternehmen die breite Masse?
2. Handelt es sich um ein großes Unternehmen?
3. Ist es von internationaler Bedeutung?
4. Sind Sie Marktführer?
5. Stellen Sie Billig-Produkte her?
6. Handelt es sich um ein altes Unternehmen?
7. Haben Sie einen hohen Bekanntheitsgrad?
8. Gibt es bei Ihnen hin und wieder Produkt-/ System-Verbesserungen, Modellveränderungen?
9. Haben Sie auch schon Produkte in den »Sand« gesetzt?
   etc.

Subjektive Aspekte

10. Halten Sie an Ihrer Mono-Marke fest?
11. Denken Sie an Marken-Diffusion?
12. Bemühen Sie sich um jüngere Käufer/Interessenten?
13. Sprechen Sie neuerdings ältere Zielpersonen an?
14. Gehören zu Ihrer potentiellen Zielgruppe Großverdiener?
15. Werben Sie mit objektivem Verbraucher-(Zusatz-)Nutzen?
16. Werben Sie mit Leitbildern/Testimonials?
17. Streben Sie vermehrt auf ausländische Märkte?
18. Wollen Sie sich intellektueller positionieren?
19. Erfüllen Sie mit Ihren Produkten/Dienstleistungen einen kulturellen Auftrag?
    etc.

ja, in vollem Umfang	einigermaßen	weder noch	kaum	überhaupt nicht
++	+	0	–	– –

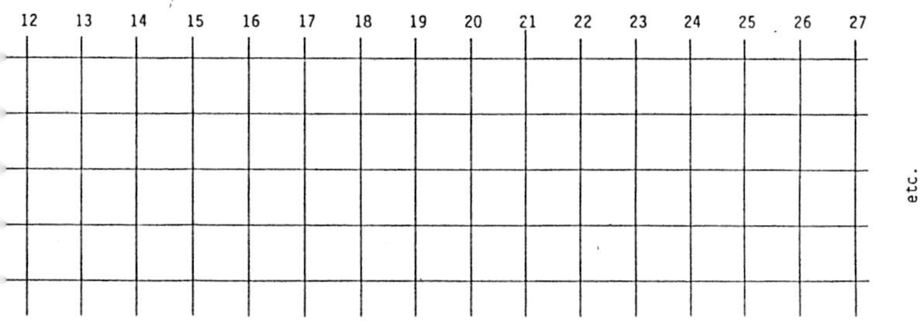

Wie unterschiedlich, vielfältig und heterogen der geschäftliche Verkehr – zumindest äußerlich-meinungsbildend und logistisch-formal – ablaufen kann, ist an den Beispielen auf dieser und den folgenden Seiten nachzuvollziehen, anhand derer die Arbeiten sehr unterschiedlich gestaltender Grafiker vorgestellt werden. Die Auswahl kann lediglich einen kleinen Teil unzähliger Möglichkeiten demonstrieren.

Der Grafik-Designer Hugo Waschkowski (Freiburg) legt bei seinen Kunden besonders großen Wert auf gepflegte Typografie, klare

Wenn, wie in diesem Kapitel, von »visueller Unternehmenskultur« die Rede ist, so sind damit Größe (Format, Proportion, Schrift) und Charakter (ästhetisch/geschmackliches Klima, typografische Anordnung, Gesamteindruck) in bezug auf die jeweilige Firma und ihre Branche gemeint.

Prioritätenabgrenzung durch freie Räume und behutsamen Umgang mit Blickfang-Elementen.

Das Designbüro Gesien & Partner (Lüneburg) dagegen setzt Linien, Balken und Flächen ein, um Varianten von Rot-Tönen zur Geltung zu bringen.

Abgesehen davon, daß – vor allem durch unterschiedliche Schriftarten, -größen und -anordnungen – dadurch zum Teil zu große Formenvielfalt entsteht, sorgt allein schon die Menge der zu transportierenden Informationen für eine »Lautstärke«, wie sie für Geschäftskarten nicht unüblich ist.

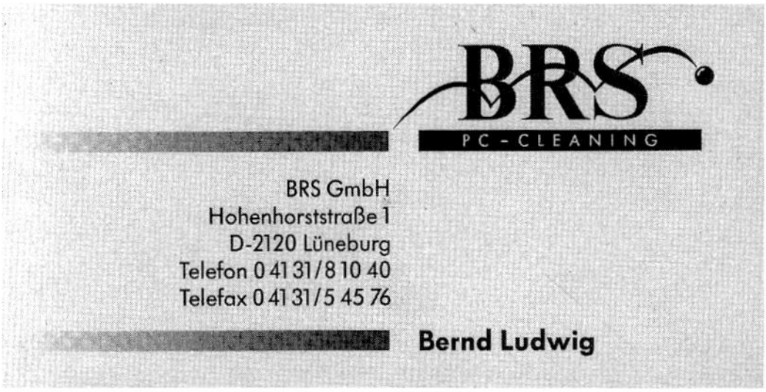

Mit dieser, zugegebenermaßen nicht einfach zu lösenden Problematik kann der Gestalter Marc Posch (München) besser leben: Seine Schriftauswahl (konservative klassizistische Antiqua für Mercedes-Benz, moderne Univers-Kursiv für Technology oder fett/feine Futura-Versalien für ein Fitness Center), die Farben sowie die grafischen Elemente als willkommene optische Stimulanzen sorgen für eine

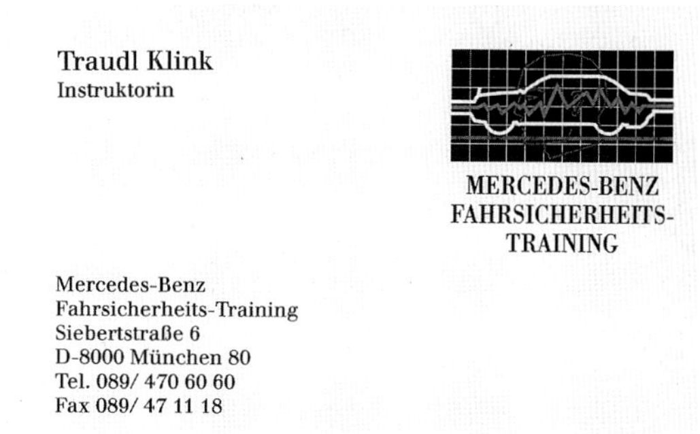

sensibel-gepflegte Anmutung. Wie auch bei den Beispielen auf Seite 22/23 gibt es bei ihm das etwas ungewöhnliche Hochformat, welches nicht dem Charakter der immer häufiger eingesetzten Scheckkarten-Version entspricht. Gleichwohl wirken die hier abgebildeten Beispiele apart und unverwechselbar.

Reinhard Eisele
Designer

Eisele & Bulach GmbH

Werbeagentur

Sebastianstraße 29 g

8900 Augsburg

Telefon 08 21/41 30 15

Telefax 08 21/42 69 32

EISELE BULACH

FUGGERHAUS

Luigi dalla Valle

Via IV Novembre 13
27015 Landriano
Tel. (03 82) 6 49 45

Stoffe für den modernen
Raum GmbH & Co
Zeuggasse 7, D-8900 Augsburg 1
Tel. (08 21) 32 05-0
Telex 53791

WWB

Wowra-
Wohnungsbau GmbH

Jürgen Wowra
Geschäftsführender Gesellschafter

Geschäftsstelle:
Gesundbrunnenstr. 7
8900 Augsburg
Tel. 08 21/3 96 19, 15 75 93
Fax 08 21/15 67 64

FOTOGRAFIE REINHARD EISELE

8900 AUGSBURG 1
SEBASTIANSTR. 29 G
TEL. 08 21/41 30 15
FAX 08 21/42 69 32

Axel-Karl Burs
Vertrieb

Gesellschaft für Umwelttechnik & innovative Produkte mbH & Co.

Wiesenstraße 35
D-8952 Markt Oberdorf
Telefon (0 83 42) 61 90
Telefax (0 83 42) 408 42

CLEAN CONCEPT

PETER WAGNER
IMMOBILIEN GMBH

PETER WAGNER
GESCHÄFTSFÜHRER

APOTHEKERGÄSSCHEN 2
8900 AUGSBURG
TELEFON 08 21/15 91 92
TELEFAX 08 21/15 91 95

Die Werbeagentur Eisele & Bulach (Augsburg) will offensichtlich diesem Anspruch ebenso gerecht werden: Viel Information interessant und nobel angeboten!

Kapitel zwei

Der private Kontakt

Teil des persönlichen Auftritts

Viele Menschen nutzen die Möglichkeit, ihr ganz persönliches Wesen durch entsprechend individuelle Erscheinungsweise beziehungsweise persönlichen Auftritt mehr oder weniger zu unterstreichen, zu verstärken oder gar zu verändern (vgl. dazu Seite 7/8). Neben Kosmetik (Frisur, Brille, Make-up etc.), Accessoires (Schmuck, Kleidung, Schuhe etc.) und Statussymbolen (Auto, Wohnung, Haus etc.), welche eher äußerlicher Natur sind, sind es vor allem Bildung, Beruf, Unabhängigkeit und Einflußnahme, die einen Menschen zu einer Persönlichkeit formen.
Eine wichtige Rolle spielt dabei seine Visitenkarte, die ihn – ohne daß er sich mündlich vorstellen muß – sofort für den Partner »ins rechte Licht rückt«. Er verkehrt also mit einem (Gestaltungs-)Mittel, das ihn immer und jederzeit bekannt macht und entsprechend einstuft – äußerlich wohlgemerkt, aber stets überprüfbar mit seinem Träger –. Hier gilt das gleiche, was auf den Seiten 15–21 über die Unternehmenskommunikation gesagt wurde: Information, Stil und gestalterisches Klima müssen absolut **identisch** sein mit Wesen, gesellschaftlichem Rang und Funktion des jeweiligen Namens!
Auch hier muß man in der gestalterischen Qualitätsbeurteilung trennen zwischen Auftraggeber und Auftragnehmer. Letzterer denkt und handelt immer nur nach den Informationen, die er bekommt: Entsprechen sie nur dem Selbstbild (und stimmen dabei nicht mit dem Fremdbild überein), kann es leicht passieren, daß neben dem Briefbogen auch die Visitenkarte mehr oder falschen Schein als Sein beziehungsweise Realität darstellt. Dabei wäre dann der Gestalter nicht verantwortlich. Andererseits kommt es (leider) immer mal wieder vor, daß seitens des Entwerfers hinsichtlich Material, Größe und Gedrucktem ein Design zustande kommt, welches zwar dem Designer gefällt, mit dem Image des Trägers nicht übereinstimmt, letzterer sich aber als »Laie« vom »Fachmann« überreden läßt...
Bei den hier vorgestellten Beispielen ist es deshalb dem Autor dieses Buches nicht möglich, etwaige Kärtchen, welche von der Norm abweichen, hinsichtlich Identitätsübereinstimmung zu überprüfen; hier können nur Gesamtkonzeption, Schrift, Illustration sowie das Material und seine Bearbeitung gezeigt und kommentiert werden.
Der Design-Professor Gregor Krisztian (Darmstadt) entwickelte neben

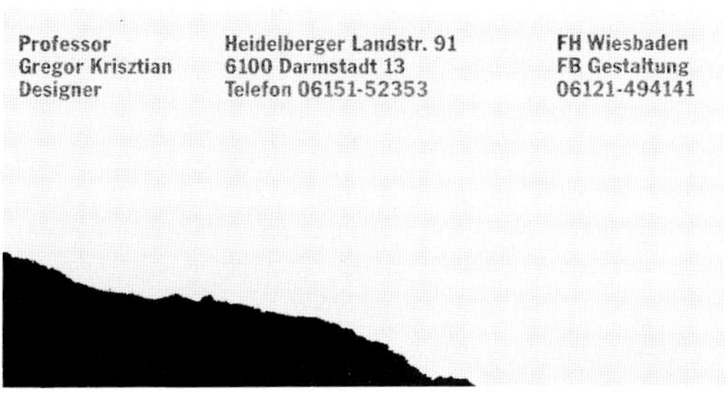

seiner eigenen eine Reihe weiterer Visitenkarten, welche nicht nur durch aparte (kleiner als übliche) Abmessungen und subtile Typografie, sondern auch durch **ungewöhnliche Information** (z. B. »Berufsbezeichnung« Hausfrau & Mutter, »My home is my castle«) auffallen... Eine sehr schöne Anregung für Gestalter, die nicht nur formal, sondern auch inhaltlich originelle Akzente setzen wollen!

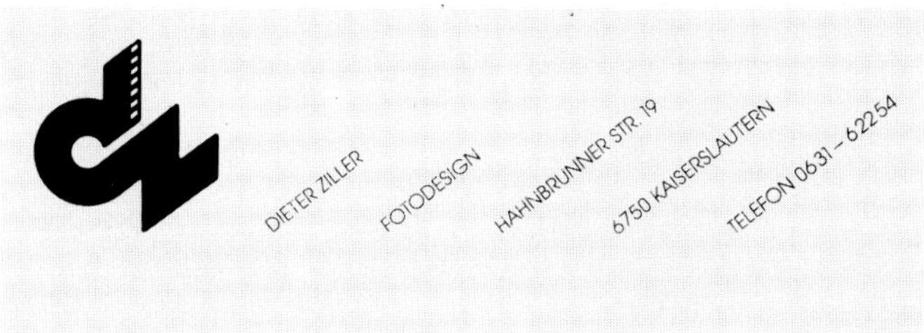

Bei nebenstehendem Beispiel handelt es sich um die Vorder- **und** Rückseitengestaltung einer Karte für einen Unternehmer aus dem Konzept/Print-Bereich.

Die Grafikerin Elke Kern (Freiburg) arbeitete für zwei Diplom-Volkswirte, eine Innenarchitektin und eine Diplom-Kauffrau – Freiberufler und Mitglieder unserer Gesellschaft, welche sich durch ihre Tätigkeit eine gewisse materielle Unabhängigkeit bewahren können.

JEUTTER
PAUL
DR.FENN
STIEGELER

Rechtsanwälte
Ulrich Jeutter
Holger Paul
Dr.Rudolf Fenn
Klaus Peter Stiegeler
Peter Oberholzner
Ulrike Wenner-Bunge
Roswitha Maas
Renate Wohlrabe

Steuerberater
Dipl. Volkswirt
Christa Genck

Wallstrasse 8
7800 Freiburg
Fon 0761.36874.0
Fax 0761.36874 22

ULRICHTHOMA
STEUERBERATER
DIPL.-VOLKSWIRT

HILDASTRASSE 59
7800 FREIBURG
TEL. 0761.70 64 61
FAX 0761.70 64 70

MONIKATHOMA
FREIE INNENARCHITEKTIN

HILDASTRASSE 59
7800 FREIBURG
TELEFON 0761.70 64 50
TELEFAX 0761.70 64 70

SEMINARE
TEXTE
BERATUNG
k!

FRANZISKA KERSTEN | DIPLOM-KAUFMANN
EPPENDORFER BAUM 6 | 2000 HAMBURG 20
FON 040.48 35 48 | FAX 040.480 41 46

Eine Diplom-Sozialpädagogin mit psychotherapeutischer Praxis, Entwurf Hugo Waschkowski (Freiburg),

tritt noch dezenter auf als eine Konzept-Texterin oder ein Bar-Besitzer. Während die Frauen, nicht zuletzt durch ihre »Korrespondenz-Verkehrsmittel«, selbstbewußter und souveräner geworden sind, haben die Männer – sowohl Auftragnehmer wie auch Auftraggeber – die Visitenkarte als »kleines Objekt« entdeckt: format- und konventionsunabhängig. Entwürfe Marc Posch (München)

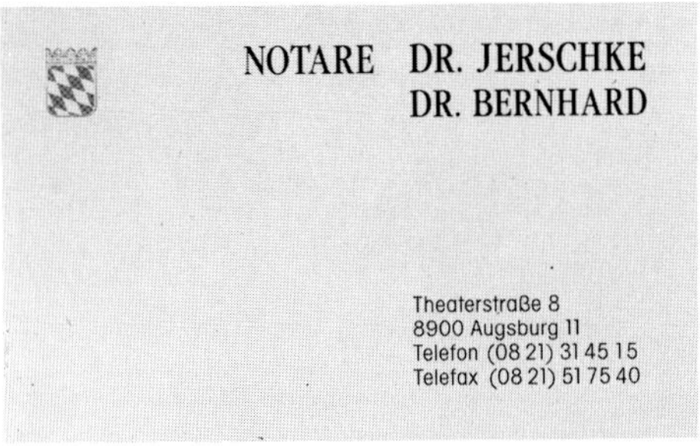
NOTARE DR. JERSCHKE
DR. BERNHARD

Theaterstraße 8
8900 Augsburg 11
Telefon (08 21) 31 45 15
Telefax (08 21) 51 75 40

Die Agentur *Eisele & Bulach* (Augsburg) (vgl. Seite 28/29) konzipierte Karten für ein Notariat und eine Klinik-Trägerschaft – beides sachlich-standesgemäß-gediegen.

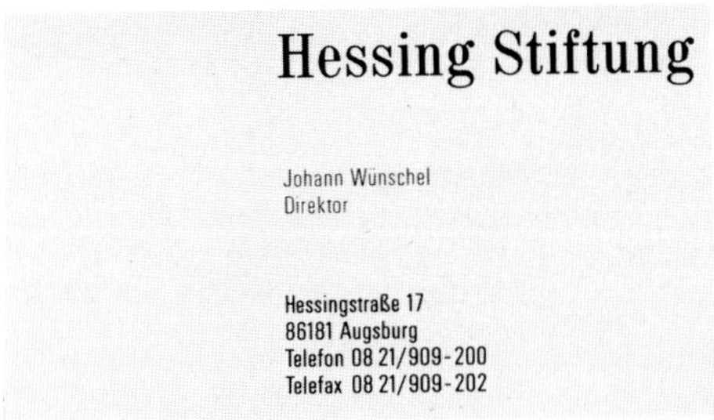
Hessing Stiftung

Johann Wünschel
Direktor

Hessingstraße 17
86181 Augsburg
Telefon 08 21/909-200
Telefax 08 21/909-202

Gesien & Partner (Lüneburg) (vgl. Seite 24/25) gestaltete hier ebenfalls rational, intakt und adäquat für eine Managerin,

UEBLER
Persönliches Management

Marlies Uebler

Amsinckstr. 45 · 2000 Hamburg 1 · Telefon 040/23 24 98 · Fax 040/23 16 00

während der Autor dieses Buches wieder die »leisen Töne« anschlägt: neutral, zurückhaltend, privat-persönlich...

PROFESSOR DIETER URBAN / GRASWEIHERWEG 16/8901 AYSTETTEN / ☎ 0821-489303

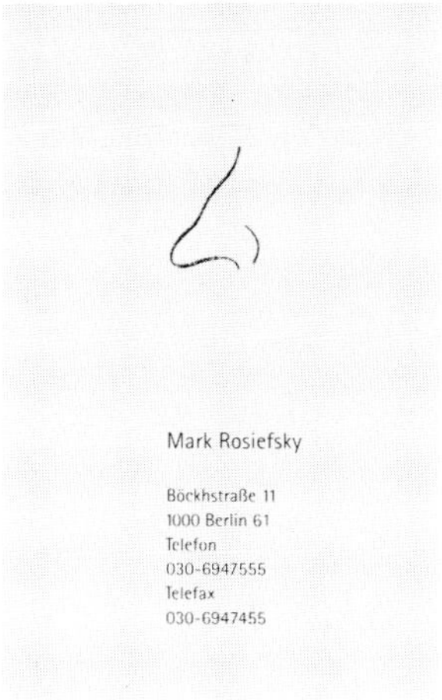

Ob es sich bei nebenstehendem Beispiel um einen Grundstücksmakler oder um einen Börsenspekulanten (...der immer eine »goldene Nase« haben muß) handelt, bleibt zunächst genauso im dunkeln wie das Argument, daß ein Foto-Designer mit »Fliesenleger«-Design aufzutreten hat... Beide Karten sind jedoch grafisch äußerst schön gestaltet.
Diese und eine weitere stammen allesamt aus dem Wirkungskreis von Prof. Fritz Haase, der an der Hochschule der Künste in Bremen lehrt. Visitenkarten aus dem eher privaten Bereich sind oft – wie Briefmarken oder Weinetiketten – kleine grafische Kostbarkeiten.

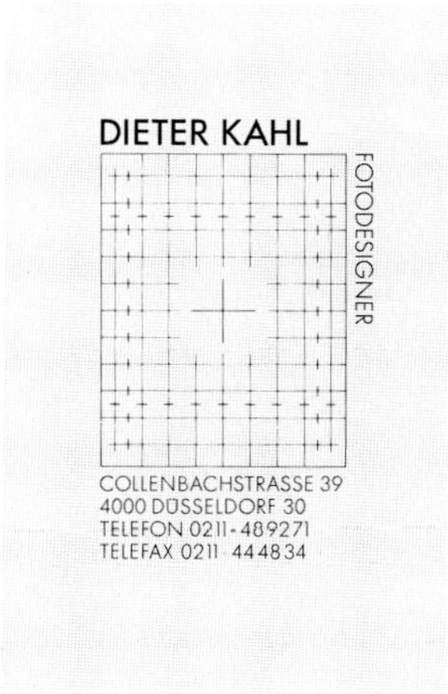

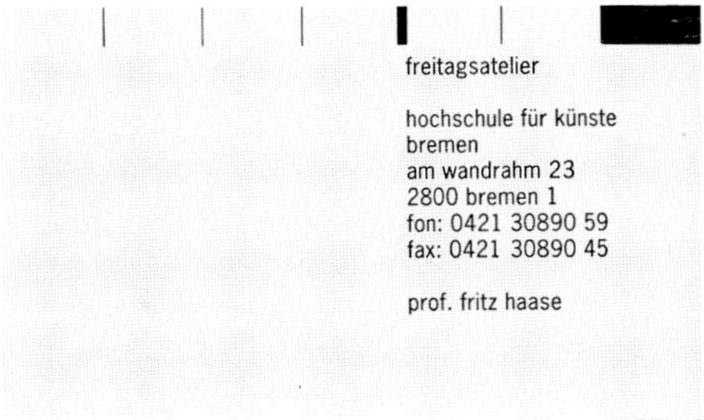

Entwurf Judith Haase, Bremen (oben)

Entwurf Sibylle Haase, Bremen (links unten)

Entwurf Gruppe »Kleiner & Bold«, Freitagsatelier HFK Bremen (rechts unten)

Kapitel drei

Form
Format
Formation
Information

Konzeption

und

Gestaltung

Gestaltung ist »Form durch Inhalt«. – Inhalte können erst durch ihre Form **sichtbar** gemacht werden. – Buchstaben sind Zeichen. Bezeichnetes vertritt Inhaltliches. Inhalte verdichten sich zur Gestalt. Gestaltung ist konstruktiv. Konstruktion ist zweckbestimmt. Zweckbestimmung ist »Inhalt in Form von Gestaltung« – **Information.**
Der Begriff »Information« stellt also die Summe von folgenden Teilen dar: Form, Format und Formation – Gestaltungsprinzipien, welche durch die Vorsilbe »in« eine Brücke zur Kommunikationsform Information schlagen. Neben Text(inhalt) als Schrift(form) können auch illustrative Formen für Information sorgen: Geschäftsbriefbogen waren schon vor der Mitte des letzten Jahrhunderts zum Beispiel mit einer kleinen Randverzierung (Vignette) ausgestattet. Monogramme, Heraldik, Schmuck und Symbole (Anker, Schiffe, Frachtgut, Palmen und sogar Bienenkörbe) wurden dann um 1850 von Firmenansichten (Verwaltungsgebäude, rauchende Schlote) abgelöst. Sehr populär war die Reproduktion von Auszeichnungen und Medaillen für die jeweiligen Erzeugnisse dieser Firmen.

Die Tradition der Gebäudeansichten als Schmuck für Briefköpfe und Visitenkarten finden wir auch noch heute, zum Beispiel bei Drucksachen im gastronomischen und touristischen Bereich (Restaurants, Hotels) sowie (z. B. mit erleuchteten Fenstern) bei der geschäftlichen Korrespondenz unter Kreativen (s. auch Seite 35, unten links!)

Entwurf/Marian Nestmann (Darmstadt)

Neben der **Form** (typografische Anordnung, ggf. kombiniert mit einer Illustration) stehen verschiedene **Formate** (Größenabmessungen und Falzungen – ggf. mit Rückseitendruck) sowie diverse **Formations-**

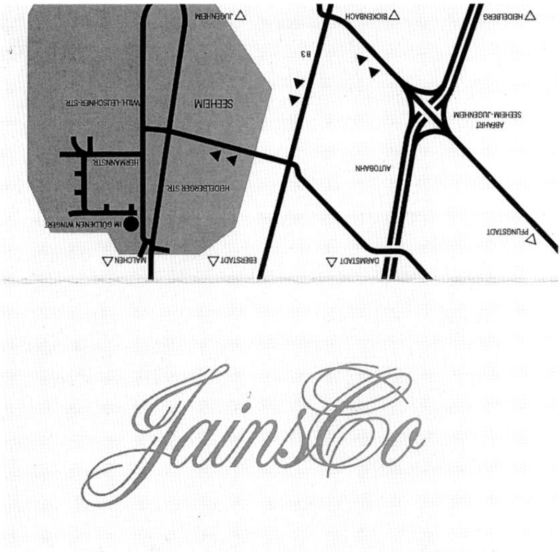

Oben: Entwurf/Claudius Posch, Darmstadt
Unten: Entwurf/Gregor Krisztian, Darmstadt

möglichkeiten (Blocksatz, Mittelachse, links- bzw. rechtsbündiger Satz) zur Disposition. Dazu wieder einige typische Beispiele:

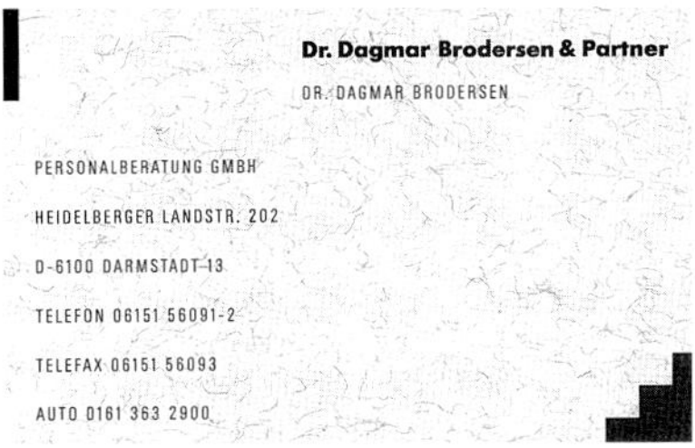

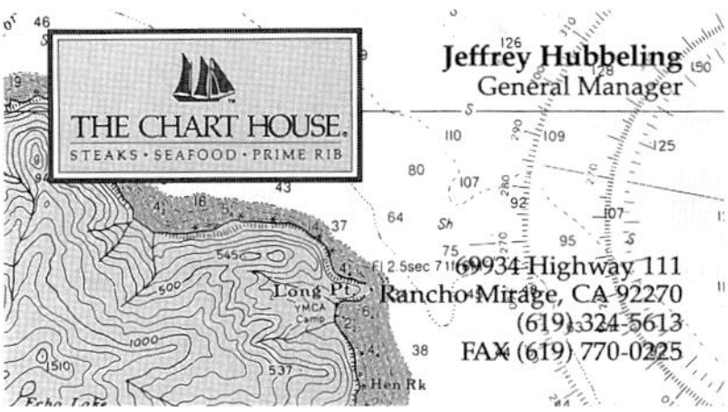

Unten links: Entwurf/Hugo Waschkowski, Freiburg
Oben rechts: Entwurf/Gregor Krisztian, Darmstadt

Neben der reinen Daten-Angabe (Name, ggf. Beruf, Adresse/Telefon/Fax o. ä.) fungiert die beigegebene Illustration nicht nur als (einprägsamer) Blickfang, sondern als zusätzliche, präzisere, individuelle **Information.** Dabei können alle Motive, die zum Beispiel auch bei der Konzeption von Bildmarken/Signets Verwendung finden, eingesetzt

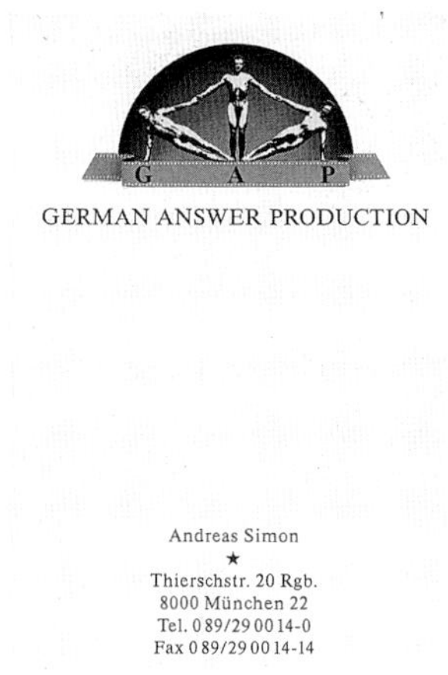

Oben: Entwurf/Marc Posch, München
Unten links: Entwurf/Matthias Just, Reutlingen
Unten rechts: Entwurf/Gregor Krisztian, Darmstadt

werden: Ein Foto-Designer wählte ein menschliches Auge, eine Galeristin die Mona Lisa als populärstes Bild der Kunstgeschichte, eine Veterinärärztin (auf der Rückseite!) den Abdruck von Katzenpfoten, die »Einhorn-Apotheke« eine Darstellung des Fabeltieres als Vignette.

Links: Entwurf/
Sibylle Haase, Bremen
Rechts oben: Entwurf/
Gesien & Partner, Lüneburg
Unten: Entwurf/
Marc Posch, München

Neben menschlichen und zoologischen Motiven werden auch Pflanzen (z. B. eine grüne Girlande für ein Blumengeschäft) oder Geräte (z. B. ein Stechzirkel für einen Schreiner oder ein Amboß für einen Kunstschmied) als illustrative Stimulanzen von Visitenkarten einge-

Oben: Entwurf/Gregor Krisztian, Darmstadt
Mitte: Entwurf/Stephan Guggenbichler, Aschau
Unten: Entwurf/Stephan Guggenbichler, Aschau

setzt. – Lustig wird's dann, wenn eine »TV-Produktion GmbH« namens TRESOR einen Tresor abbildet und mit lockeren Sprüchen kombiniert (»Nichts für alte Knacker« oder »Uns stiehlt keiner die Show«).

Oben: Entwurf/Holger Roost, München
Unten: Entwurf/Marian Nestmann, Darmstadt

Kapitel vier

Gestaltungs-mittel Schrift

Syntaktik

Semantik

Pragmatik

Das tragende Gestaltungsmittel der Visiten-/Geschäftskarten ist – neben **Bedruckstoff** (Papier, Karton, Folie/Plexiglas, Metall etc. – darüber mehr in Kapitel fünf!) und **Farbe** – die **Schrift;** weil sie der Leserlichkeit, der Leserfreundlichkeit und der Dokumentationsmöglichkeit dient. Zumindest alle, die das Alphabet gelernt haben, erfahren durch die schriftliche Nennung der Informationsdaten Wesentliches über den Kartengeber, seine gesellschaftlich-wirtschaftliche Funktion und seinen geschmacklichen Anspruch.
Verschiedene Schriftarten haben sich im Verlauf der Zeiten herausentwickelt. Vorläufer der im abendländischen Kulturkreis gebräuchlichen Schriften sind

- die **Capitalis Quadrata,** als in Stein gemeißelte Großbuchstaben (Versalien) im antiken Rom,
- **die Karolingische Minuskel,** als dem besseren Lesen dienende Kleinbuchstaben (8./9. Jh.),
- die **Humanistische Kursive,** als der besseren Akzentuierung dienende Schrägschrift.

Aus diesen drei mit der Breitfeder (Redis) zu schreibenden Klassikern der Kalligrafie entwickelten sich die weiteren **Schrifttypen Antiqua** mit und ohne Serifen = Grotesk, **Fraktur** (gebrochene Lettern, die auch mit der Feder geschrieben werden können) sowie die modischen **Schreibschriften** unserer Tage.
Künstlerische Gestaltung mit Schrift zeigt sich zum einen im höheren Aufmerksamkeitswert der Mitteilung, zum anderen in der Art und Weise, wie dieser Reiz zustande kommt: durch die Gesetze von optischer Spannung und visueller Ästhetik – Blickfang und Harmonie. Um die Bedingungen dieser Gesetze zu erfüllen und gute von schlechter Typografie unterscheiden zu können, bedarf es einer Untersuchung der vorhandenen Möglichkeiten.
Erhöhte Aufmerksamkeit beim Lesen kann man auf verschiedenen, bereits erprobten Wegen erreichen: durch

- **die Schreibweise** (Groß- oder Kleinbuchstaben jeweils allein oder gemischt)
- **die Richtung der Schrift** (senkrecht stehend, gestürzt oder diagonal)
- **syntaktische** (z. B. spationiert, gesperrt, überlappend, perspektivisch verzogen)
- **semantische** (verschiedene Schriftarten, z. B. Univers, Helvetica, Futura, Bodoni etc.)
- **pragmatische** (z. B. geprägt, gestanzt, geätzt etc.)

Schriftbilder.
Wie die Lehre von den harmonischen Verbindungen der Töne und Akkorde im musikalischen Satz, so hat auch die Lehre von der visuellen Ästhetik in der Gestaltung mit Schrift ihre Gesetzmäßigkeit: Harmonie ist nicht immer das Gewichtungsverhältnis 50:50, eher 30:70, manchmal sogar 5:95. Denken wir nur an den klassischen geometrischen Leitsatz vom »Goldenen Schnitt«. Gleiche Gewichtung ist meistens langweilig in ihrer Wirkung. Auf den einfachsten Nenner

gebracht, könnte man sagen: Zwei gegensätzlich dosierte Disharmonien sind zusammen fast immer harmonisch (in der Mathematik ist Minus × Minus = Plus).
Abgesehen vom Aufmerksamkeitswert kann man auch mit der Typografie sprachliche Differenzierungen darstellen: durch

- die **Schriftart**-Akzentuierung (z. B. Antiqua-Kapitälchen für konservative / Grotesk-Kleinschreibung für liberal-progressive Firmierungen)
- **Schriftcharakter**-Akzentuierung (Wechsel von breiten mit schmalen, fetten mit mageren, geraden mit kursiven Typen)
- **Schriftgrößen**-Akzentuierung (von extrem kleinen bis überproportional großen Buchstaben)
- **Wiedergabe**-Akzentuierung (sperren, unterstreichen, farbig wiedergeben etc.)
- Akzentuierung durch bildhafte Typografie (z. B. dadaistische Spielformen / sog. »Kidnapper-Schrift«).

Wer die Gestaltungsmöglichkeiten der Typografie systematisch ordnet, erfährt, daß die Schrift dem Designer universelle und variantenreiche Möglichkeiten bietet, wenn er seinem Gegenüber die Information so präsentieren muß, wie jener sie am besten verstanden haben will.
Im einzelnen gibt es hier folgende Gestaltungsmöglichkeiten:

formbezogen	formatbezogen	formationsbezogen	farbbezogen
– schmale mit breiter Schrift kombiniert – magere mit fetter Schrift kombiniert – halbierte Schrift – versetzt montierte Schrift – verschiedene Schriftcharaktere in einem Wort (groß-klein, breit-schmal, mager-fett) – perspektivisch verzogene, verzerrte Schrift – kursive Schrift links- oder rechtslaufend – tanzende Buchstaben innerhalb eines Wortes – Kontrast zwischen normal und outline	– kleine Schrift im großen freien Umfeld – große Schrift im kleinen freien Umfeld – schmale Schrift auf Breitformat – breite Schrift auf Hochformat – formatangeschnittene Schrift – willkürlich verteilte oder verstreut gesetzte Wörter – symmetrischen Text an den Formatrand stellen oder Schrägsatz in einer Ecke des Formats beginnen lassen – negative Schrift so anschneiden, daß der weiße Anfangs- oder Endbuchstabe in die weiße (unbedruckte) Fläche hineinragt	– auf mehrere Ebenen nebeneinandergesetzte Wörter – in Kurven nebeneinandergesetzte Wörter – mischen von kompreß gehaltenem und stark durchschossenem Satz – nach einer vorgegebenen Form gesetzte Schrift (z. B. Kugel, Kegel, Kreis, Dreieck, Quadrat) – horizontal/vertikal laufende Zeilen (Kreuzworträtsel-Satz) – mischen von linksangeschlagenem und rechtsangeschlagenem Satz – nach metrischen Endungen gesetzte Zeilen	– schwarze Schrift auf weißem Grund – weiße Schrift auf schwarzem Grund – wechselseitige Wort-Bild/Grund-Durchdringung – helle Schrift auf dunklem Grund oder umgekehrt – Glanz-Schwarz auf Matt-Schwarz oder umgekehrt – rote Schrift auf weißem Grund oder umgekehrt – rote Schrift auf grauem Grund oder umgekehrt – rote Schrift auf schwarzem Grund oder umgekehrt – rote Schrift auf gelbem Grund oder umgekehrt – rote Schrift auf violettem Grund oder umgekehrt usw. – rote Schrift auf grünem Grund oder umgekehrt

Diese sind z. T. in den folgenden Beispielen praktiziert worden:

Die Gestalter Eisele & Bulach (Augsburg) kombinierten ein (goldenes) H mit in der Höhe modifizierten Grotesk-Kleinbuchstaben für eine Mode-Boutique.

Der Designer Claudius Posch (Darmstadt) modifiziert den Kleinbuchstaben r, akzentuiert mit Mager / Fett-Schreibweise, setzt Interpunktionen ein (z. B. Klammern) und rastert die Lettern L, O und T mit in verschiedene Richtungen weisenden Linien auf:

Stephan Guggenbichler (Aschau) ersetzt das C in FACES durch ein Ikon: Das Profil eines nach links blickenden Gesichts wirkt als Kontrast zu Duktus und Mittelachse der informierenden Zeilen. Dieser Kontrast wird noch zusätzlich verstärkt durch die gestürzte Kursiv-Schrift des

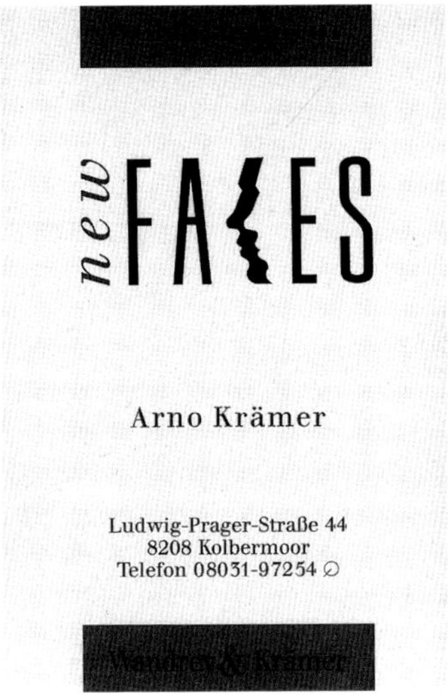

Wortes »new«. Balken und dreieckige Flächen (hier: überpinselt und damit ein Malergeschäft symbolisierend) schaffen – in Verbindung mit Farben – Akzentuierungen in gewünschtem Sinne:

Stephan Guggenbichler

w Agentur für Gestaltung. Kommunikation. Unternehmenskultur.
Postfach 1148 Kampenwandstraße 90 8213 Aschau im Chiemgau
Telefon: 08052/5186 Fax: 5187 Inhaber: Stephan Guggenbichler

SCARA**BAEUS**

Elke Kern (Freiburg) kombiniert gestürzte Zeilen, Kleinschreibung, gesperrte Buchstaben, Balkenlinien, Farben und Pinseltechnik zu markanten Visitenkarten.

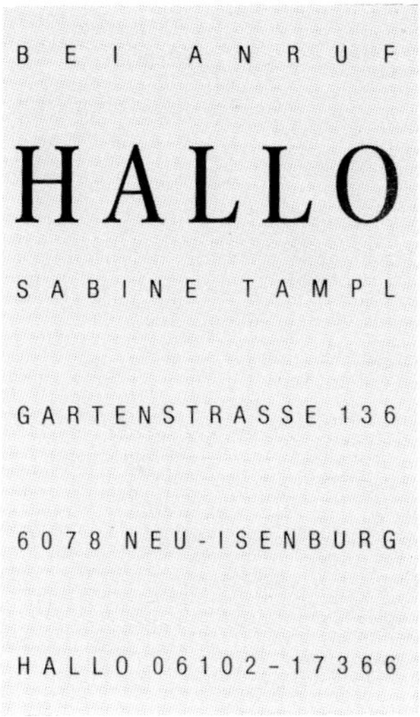

Gregor Krisztian (Darmstadt) hebt das Wort »Hallo« (als Telefonangabe) über alles heraus (oben) und Lee H. Armentrout (Laguna Beach) verbindet pastellige Töne mit Vignetten-Symmetrie (unten).

Marc Posch (München) zeigt hier, daß man auch mit zum Teil winzigen Schriften ästhetisch gestalten kann – wenn sie gesperrt, modifiziert oder als Grotesk-Versalien eingesetzt werden. Auch als Antiqua im Kapitälchensatz in entsprechender Farbe strahlen sie eine souverän-gediegene Anmutung aus.

Oben: Entwurf/Suzanne Sarto (San Francisco)
Unten: Entwurf/Simone Russ, München

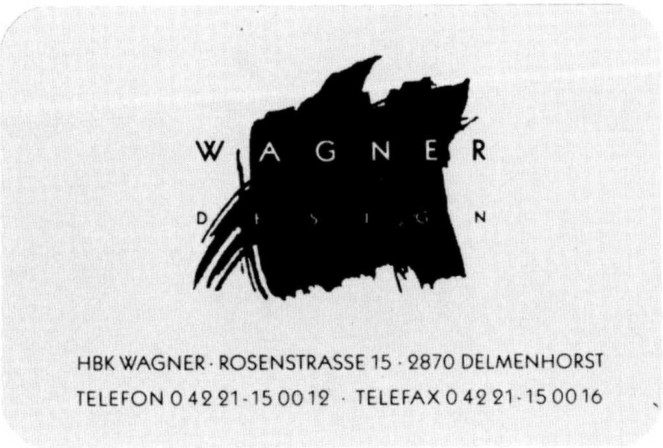

Hier sind die Ecken abgerundet – wie bei einer Scheck-/Kreditkarte

Linke und rechte Seite:
Entwurf/Sibylle Haase, Haase & Knels, Bremen

Linke und rechte Seite: Entwurf/Designer unbekannt

Border Grill
7407½ Melrose
Los Angeles
CA. 90046
(213) 658-7495

Der Designer Hugo Waschkowski (Freiburg) entwickelte eine Reihe wunderschöner hochformatiger Exemplare, in denen er eine ideale Symbiose aus Schrift, Farbe und Bild erreichte. Auch die Beispiele

auf den folgenden Seiten zeigen seine Stärke, das grafische Element in ein optimales Verhältnis zum Format einer Visitenkarte zu setzen.

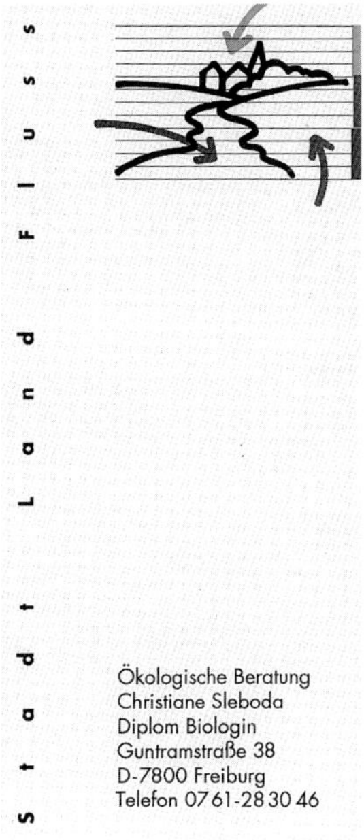

PSYCHOTHERAPIE UND BERATUNG

JÜRGEN BITTNER
DIPL. SOZ. PÄD (FH) HP
GESTALTTHERAPEUT
BELFORTSTRASSE 45
D-7800 FREIBURG
TELEFON 0761-286760

MICHAEL
SOHR
HANDGEFERTIGTE
LEDERWAREN

TALSTRASSE 9A · D-7800 FREIBURG · TELEFON 0761-71305

RENATE EGGEMANN

Heilpraktikerin
Lomi-Körper-Arbeit
Sebastian-Kneipp-Str. 7
D-7800 Freiburg
Tel. 0761-38 32 30

Lomi

Linke und rechte Seite: Entwurf/Hugo Waschkowski, Freiburg

Für dieselbe Firma (docfilm karnick & richter ohg) entwarf Gregor Krisztian für zwei Personen die gleiche Visitenkarte, jedoch mit unterschiedlichem Augenausschnitt und jeweils anderer Rückseite:

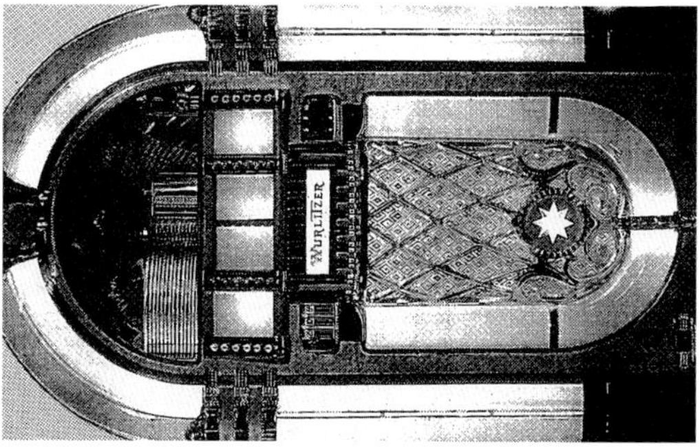

docfilm
karnick & richter ohg
heidelberger landstraße 89
d-64297 darmstadt-eberstadt
fax 06151 52100
d o c f i l m
wolfgang richter
fon 06151 51117

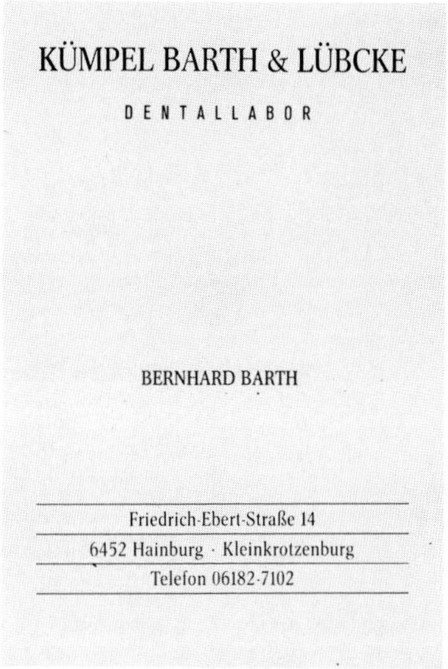

Entwurf/Gregor Krisztian, Darmstadt

Rechte Seite:
Oben: Entwurf/Claudius Posch, Darmstadt
Mitte und unten: Entwurf/Hugo Waschkowski, Freiburg

Mariela
Dessous und Wäsche
für Damen und Herren
Inh.: Marianne Figlestahler
Basler Straße 41
7812 Bad Krozingen
Telefon 0 76 33 - 128 14
Fax 0 76 33 - 128 68

zarcartoff®

Fast Food vom Feinsten. ▮ Lambrecht/Matysek GbR ▮ c/o Freiburger Markthalle
D-78 Freiburg ▮ Kaiser-Joseph-Str. 237 ▮ Tel. 0761-38 27 66 ▮ Verw. 40 52 12 ▮ Fax 40 66 21

Entwurf/Eisele & Bulach, Augsburg

Entwurf/Stephan Guggenbichler (Aschau)

Oben: Entwurf/Stephan Guggenbichler (Aschau)
Unten: Designer unbekannt

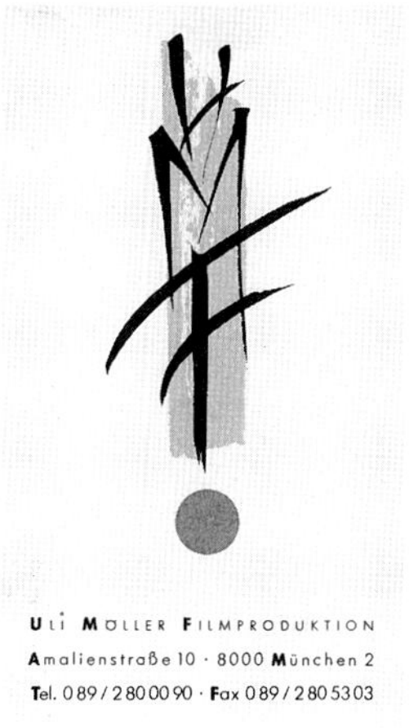

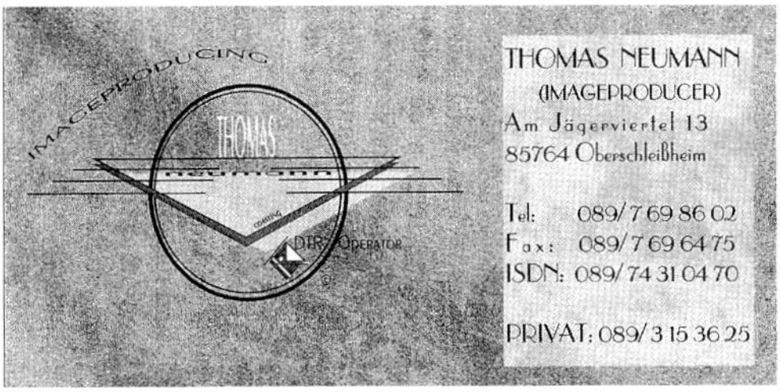

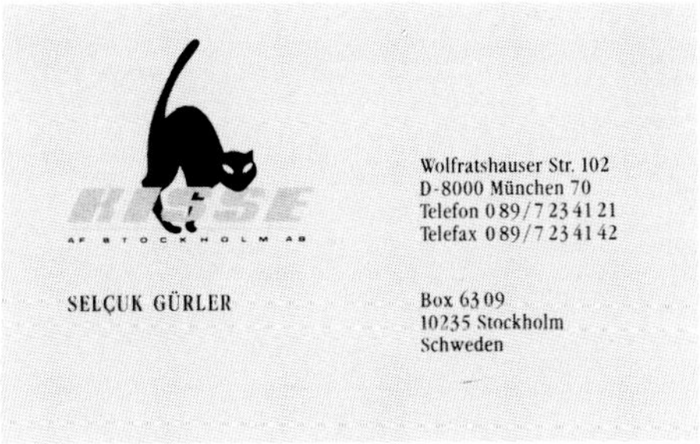

Entwurf/Simone Russ, München

Entwurf/Simone Russ, München

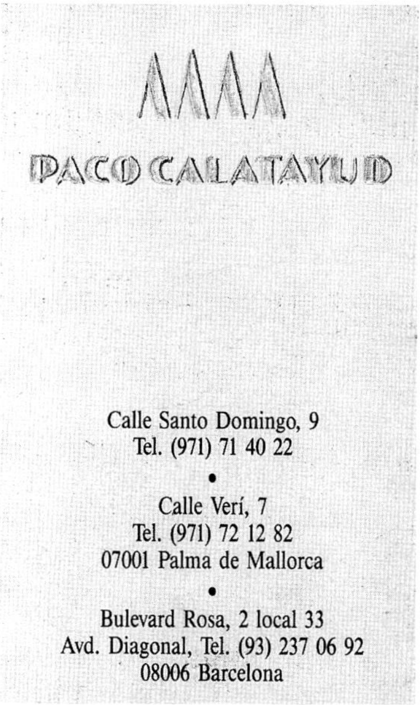

Entwurf/Simone Russ, München

Links und rechts: Entwurf/Simone Russ, München

HARALD STOFFELS
Journalist
Orleansstraße 53
D-8000 München 80
Tel. 0 89 / 4 48 05 29
West-Germany

HANNE GEISSLER
MARKETINGLEITERIN
Ewald Schwarzer Verlag
Wallbergstraße 3
8028 Taufkirchen
Telefon 0 89/6 12 02-0
Telex 05/213 544
Telefax 0 89/6 12 67 29

Die Designerin Simone Russ (München), welche schon sämtliche Karten auf den Seiten 71–75 konzipierte, zeigt hier, wie am praktikabelsten gedruckt werden kann – einmal durch gegenüber-

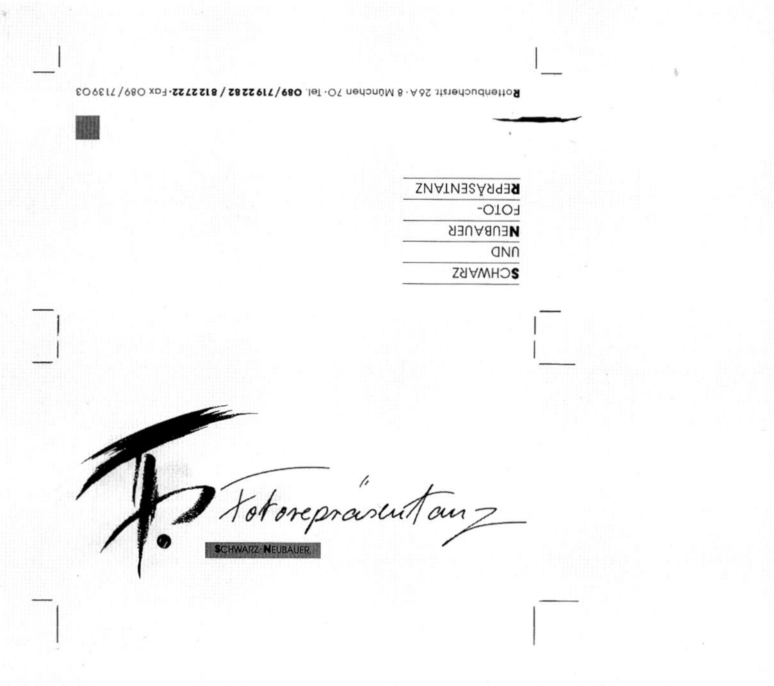

liegende Montage von Vorder- und Rückseite für eine doppelseitige Karte im sogenannten »Schön- und Widerdruck«, ein anderes Mal durch »Nutzen-Montage« für die Verwendung als Adressenaufkleber:

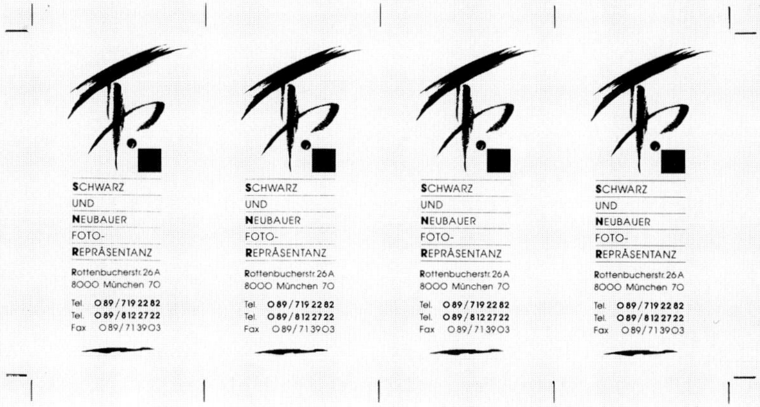

Kapitel fünf

Bedruckstoffe und ihre Bearbeitung

Materialien,
Techniken,
Produktion

Qualitätsbestimmend für Visitenkarten sind – ähnlich wie bei der Briefbogengestaltung – neben Entwurf, Format- und Schriftwahl sowie Informationsgehalt natürlich die Drucktechnik und der Druck**träger.** Hier gibt es (im Gegensatz zu den von postalischen Auflagen abhängigen Briefbogen) unterschiedlichste Materialien, welche von hadern- beziehungsweise holzhaltigen oder holzfreien Papieren bis zu Metallplatten (!) reichen.
Wichtigste Basis aller **Papier**sorten ist Holz – bei »holzfreiem« Bedruckstoff wurde es vor der Verarbeitung zu Zellstoff aufbereitet, besser gesagt aufgespalten. Dieses »Halbzeug« wird sodann mit verschiedenen Füllstoffen (und Harzleim) angereichert; die Oberfläche wird weiter kultiviert, um die gewünschte Glätte und den schönen Glanz zu erreichen. **Handgeschöpftes** (Bütten-)**Papier** ist am Siebabdruck und dem unregelmäßigen Rand zu erkennen.
Getönte Papiere werden hauptsächlich in Grau/Blau- oder Gelb/Braun-Richtung eingesetzt. – **Stanzungen** (z. B. abgerundete Ecken wie bei Scheckkarten) und **Prägungen** (z. B. Heraldik) zählen genauso zu den besonderen Produktionstechniken wie **Glanzfolienkaschierungen, Rillenfalzungen** oder **Druck auf Selbstklebefolien.**
Hier wieder einige schöne Beispiele, die für dieses Kapitel als typisch angesehen werden können:
Erwin Obermayer jr. konzipierte für seine Firma, welche sich mit Objekten, Möbeln, Stahlbildern, Skulpturen und sonstigem Metallzeug befaßt, nebenstehende Geschäftskarte, bei der die Information in eine mm-starke Metallplatte geätzt ist.
Sibylle Haase dagegen bevorzugte glasklares Ultraphan, um dann die Ecken, wie beim »Plastik-Zahlungsmittel«, rund stanzen zu lassen.

Entwurf/Marc Posch, München (oben)

Entwurf/Sibylle Haase, Haase & Knels, Bremen (Mitte)

Entwurf/Elke Kern, Freiburg (unten)

Auf selbstklebender Folie (und mit Schutzträger versehen) sind die beiden nächsten Exemplare gestaltet: Manfred Gotzler (München, oben) dachte dabei wahrscheinlich an eine sekundäre Nutzung per Autoaufkleber – genauso wie Elke Kern (Freiburg, unten), die hier »in eigener Sache unterwegs« ist...

Mit rund gestanzten Ecken in Kreditkarten-Version gestaltete das Büro Gesien & Partner (Lüneburg) dieses Exemplar für eine Ingenieur-Tiefbaugesellschaft:

Mit rund gestanzten Zacken in Fabrikhallen-Version entwarf Elke Kern (Freiburg) obiges Beispiel für ein Restaurant mit Bar.

Hugo Waschkowski (Freiburg) liefert Entwürfe, welche für das jeweilige Hoch- beziehungsweise Querformat seiner Karten die schmalere Seite mit **drei** Ecken zeigen:

Sibylle Haase (Bremen) wiederum flachte für das quadratische Kärtchen eines Architekten die rechte untere Ecke ab.

Stumpfe beziehungsweise spitze Winkel bevorzugte Elke Kern (Freiburg) für die untenstehende Geschäftskarte, obgleich sich auch hier die Herstellungskosten wegen des dazu notwendig gewordenen Stanzwerkzeuges verteuerten:

Diese ovale Karte könnte auch (für Designer) einen Zweit-Nutzen in Form einer (positiven) Zeichenschablone darstellen. Entwurf/Marc Posch, München

An eine Schriftschablone erinnert dieses Beispiel für eine Möbelwerkstatt, welches mit Laser ausgeschnitten (also nicht ausgestanzt) wurde. Entwurf/Hugo Waschkowski, Freiburg

Entwurf/Elke Kern, Freiburg

Klappkarte mit horizontalem Rillenfalz, zweiseitig bedruckt, Entwurf/Elke Kern, Freiburg

Klappkarte mit horizontalem Rillenfalz und verkürzter Frontseite, Entwurf/Gregor Krisztian, Darmstadt

Klappkarte mit vertikalem Rillenfalz und schräg abgeschnittener Frontseite, Entwurf/Gregor Krisztian (Marian Nestmann), Darmstadt

Klappkarte mit vertikalem Leporellofalz, einseitig bedruckt, Entwurf/Gregor Krisztian, Darmstadt

Kapitel sechs

Checkliste

Punkte, auf die es
bei der Visitenkartengestaltung
ankommt

Zum Ankreuzen:

1. Die Visitenkarte ist der Teil eines Ganzen: Im visuellen Erscheinungsbild einer Person, eines Geschäftsmannes oder einer Firma ordnet sie sich in das Gesamtkonzept ein, stellt jedoch das **einzige** Gestaltungsmittel dar, welches vom Träger (Sender) an die Kontaktperson (Empfänger) **persönlich** – also nicht per Post (direkt) oder Streumedium (indirekt) – übergeben wird.
2. Diese Übergabefunktion erfüllt jedoch nicht die Übermittlung eines persönlichen Kontakts, welcher durch Gestik, Mimik, Körperspiel o. ä. unterstützt wird: Der Austausch von Visitenkarten unter (Geschäfts-)Partnern dient der **Dokumentation von Adressen;** gleichwohl läßt sich aus dem gestalterischen »Auftritt« (Formatwahl, Schrift, Anordnung, Farbe etc.) auf **Charakter, Stil** und **Image** des Kartengebers schließen.
3. Visitenkarten kann man beim Entwerfer nicht bestellen beziehungsweise käuflich erwerben wie einen »Anzug von der Stange« – nicht der Auftraggeber muß sich nach der Gestaltung richten, sondern die Gestaltung nach dem Auftraggeber!
4. Fragen zum visuellen Auftritt:
   - Wer bin ich? Wo stehe ich? Wo will ich hin? Wie sehe ich mich selbst? (Selbstbild)
   - Wie sehen mich die anderen? Wie will ich künftig gesehen werden? (Fremdbild)
5. Elemente der visuellen Unternehmenskultur:
   - Größe (Format, Proportion, Schrift)
   - Charakter (ästhetisch/geschmackliches Klima, typografische Anordnung, Gesamteindruck)

6. Elemente der visuellen Gestaltung:
   - Schrift, Linien, Balken, Punkte, Flächen
   - Signet, Illustration/Foto
7. Informationsgehalt und Lesefreundlichkeit haben **Priorität** vor Ästhetik und grafischen Stimulanzen!
8. Gestalterische Bezüge einer Visitenkarte:
   - Form (typografische Anordnung, ggf. kombiniert mit einer Illustration)
   - Format (Größenabmessungen und Falzungen – ggf. mit Rückseitendruck)
   - Formation (Blocksatz, Mittelachse, rechts- oder linksbündiger Satz)
   - Information (Name, Adresse, Textzugaben)
9. Illustrative Motive: Mensch, Tier, Pflanze, Gerät, Architektur o. ä.
10. Blickfang läßt sich erreichen durch
    - Schreibweise (z. B. Versalien oder nur Kleinbuchstaben)
    - Richtung oder Schrift (z. B. senkrecht, gestürzt oder diagonal bzw. schräg)
    - syntaktische, semantische oder pragmatische Schriftbilder, s. Seite 47)
11. Akzentuierung ist möglich durch
    - Schrift**art** (z. B. Antiqua/Grotesk-Kapitälchen)
    - Schrift**charakter** (z. B. verschiedene Schnitte innerhalb einer bestimmten Schriftart)
    - Schrift**größe** (extrem klein bzw. groß)
    - Wiedergabe (z. B. gesperrt oder unterstrichen)
12. Gestaltungsmöglichkeiten für Visitenkarten (s. Seite 48):
    - formbezogen
    - formatbezogen
    - formationsbezogen
    - farbbezogen
13. Merke: Auch die **Rückseite** einer Visitenkarte bietet Platz für Informationen!

14. Bedruckstoffe sind nicht nur Papier/ Karton, sondern auch Kunststoff oder Metall.
15. Man kann diese Materialien nicht nur bedrucken, sondern auch prägen oder stanzen.
16. Eine Visitenkarte kann auch als **Aufkleber** genutzt werden, wenn sie auf eine selbstklebende Folie gedruckt wird.
17. Visitenkarten, deren Ecken abgerundet sind, bekommen seltener »Eselsohren«!
18. Karten mit stumpfen beziehungsweise spitzen Winkeln und runde beziehungsweise ovale Exemplare machen den Einsatz eines Stanzwerkzeugs notwendig (was sich auf die Produktionskosten auswirkt).
19. Unter den Klappkarten gibt es zum Beispiel folgende Versionen:
    - horizontaler Rillenfalz, Vorder- und Rückseite gleich groß,
    - das gleiche, aber mit verkürzter Rückseite,
    - vertikaler Rillenfalz mit schräg abgeschnittener Vorderseite,
    - vertikaler beziehungsweise horizontaler Rillenfalz, ein- oder zweiseitig bedruckt.

Adressenliste der Designer mit Seitenverweisen

Teun Anders
[Titelseite Mitte links]
c/o Visser, Bay Anders
Toscani Design
The Art Box BV
Kruislaan 182
NL-1098 SK Amsterdam

Lee H. Armentrout
[Seite 53 unten]
1027 No. Coast Hwy. Ste. D
Laguna Beach, CA 92651

Alan Baker
[Titelseite oben links]
St. Michaels
GB-Telscombe Village
Nr. Lewes
East Sussex

Eisele & Bulach GmbH
[Seiten 28, 29, 36 oben beide, 49, 68]
Sebastianstraße 29 g
86153 Augsburg

Freitagsatelier HFK Bremen
Gruppe »Kleiner & Bold«
[Seite 37 unten rechts]
Am Wandrahm 23
28195 Bremen

Gesien & Partner Industriewerbung GmbH
[Seiten 24, 25, 36 Mitte, 43 oben, 82 oben]
Kloster Lüne
21337 Lüneburg

Manfred Gotzler
[Seite 81 oben]
Hairdesign
Am Isartor
Thomas-Wimmer-Ring 7
80539 München

Guido Gribl
[Titelseite Mitte rechts]
Königinstraße 24
80539 München

Thomas Groha
[Seite 8 oben]
Fichtestraße 34
63303 Dreieich-Sprendlingen

Stephan Guggenbichler
[Seiten 44 Mitte und unten, 50, 51, 69, 70 oben]
SCARABAEUS
Kampenwandstraße 90
83229 Aschau im Chiemgau

Judith Haase
[Seite 37 oben]
Haase & Knels
Am Landherrnamt 8
28195 Bremen

Sibylle Haase
[Seiten 37 unten links, 43 links, 56, 57, 79 unten, 80 Mitte, 83 unten]
Haase & Knels
Am Landherrnamt 8
28195 Bremen

Winfried J. Jokisch
[Titelseite unten rechts]
Planungsbüro für visuelle Programme
Hildebrandtstraße 24
40215 Düsseldorf

Matthias Just
[Seite 42 unten links]
Metzstraße 10
72764 Reutlingen

Elke Kern
[Seiten 34, 52, 80 unten, 81 unten, 82 Mitte und unten, 84 oben, 85 unten, 86 oben]
Brombergstraße 17 b
79102 Freiburg im Breisgau

Rolf Krämer
[Seite 9 oben]
Diesterweg-Straße 3
51503 Rösrath

Prof. Gregor Krisztian
[Seiten 31, 32, 33, 40 unten, 41 oben rechts, 42 unten rechts, 44 oben, 53 oben, 64, 65, 66, 86 unten, 87]
Heidelberger Landstraße 91
64297 Darmstadt

Marian Nestmann/Gregor Krisztian
[Seiten 39 unten, 45 unten]
c/o Artfinder
Heidelberger Landstraße 91
64297 Darmstadt

Erwin Obermayer jr.
[Seite 79 oben]
84419 Oberteisendorf

Claudius Posch
[Seiten 40 oben, 49, 67 oben]
Mathildenplatz 5
64283 Darmstadt

Marc Posch
[Seiten 26, 27, 35 unten, 42 oben, 43 unten, 54, 80 oben, 84 Mitte und unten]
Posch & Pogoda
Design & Kommunikation
Brabanter Straße 20
80805 München

Holger Roost
[Seite 45 oben und Mitte]
Rambergstraße 5
80799 München

Simone Russ
[Seiten 55 unten, 71, 72, 73, 74, 75, 76, 77]
Elektrastraße 8
81925 München

Suzanne Sarto
[Seite 55 oben]
1655 Walnut Street, # 210
Boulder, Colorado
80302 USA

Gunther P. Spitzley
[Seite 8 unten]
Weyertal 59
50937 Köln

Erich Unger
[Seite 9 unten]
Wermuthweg 38
12353 Berlin

Prof. Dieter Urban
[Seiten 15, 16, 17, 36 unten]
Grasweiherweg 16
86482 Aystetten

Hugo Waschkowski
[Seiten 22, 23, 35 oben, 41 unten links, 60, 61, 62, 63, 67 Mitte und unten, 83 oben beide, 85 oben]
Sonnhalde 16
79104 Freiburg

Register

Antiqua 26, 47, 54
Ästhetik 8
Aufkleber 77, 81, 90
Auftritt-System 15f.
Balken 89
Bedruckstoff 47, 79, 90
Besuchskarten 11
Bildhafte Typographie 48
Blickfang-Element 23
Breitfeder 47
Capitalis Quadrata 47
Corporate Attitude 20
Corporate Communications 16, 18
Corporate Culture 16, 18
Corporate Design 15f., 18, 20
Corporate Identity 11f., 15f., 18, 20
Corporate Image 16
Corporate Strategy 20
CreditCard 9
Dokumentationsmöglichkeit 47
Dokumentation von Adressen 89
Drucktechnik 79
Druckträger 79
Empfänger 89
Entwerfer 31
Entwurf 79
Erstkontakt-Medium 13
Fabrikhallen-Version 81
Farbbezogen 90
Farbe 16, 47, 60
Firmenphilosophie 15
Fläche 89
Form 40, 89
Format 16, 40, 79, 89
Formatbezogen 90
Formation 89
Formationsbezogen 90
Formationsmöglichkeit 40
Formbezogen 90
Form durch Inhalt 39
Formenvielfalt 25
Fraktur 47
Fremdbild 89
Futura 8, 26
Gebrauchsgraphiker 9
Geschäftskarten 10
Gestalterisches Klima 31
Gestaltung 39
Gestaltungsmittel 89
Getöntes Papier 79
Glanzfolienkaschierung 79
Goldener Schnitt 47
Graphisches Element 61
Grotesk 47
Grotesk-Kleinbuchstabe 49
Grotesk-Versalie 54
Handgeschöpftes Papier 79
Heraldik 39
Holz 79
Horizontaler Rillenfalz 90
Humanistische Kursive 47
Identitätsstrategie 15
Identität von Form und Inhalt 10
Illustration 42
Illustration/Foto 89
Illustratives Motiv 90
Image 11
Information 31, 39, 42, 48, 89
Informationsgehalt 89
Kalligraphie 9
Karolingische Minuskel 47
Kreditkarten-Version 83
Lederle 16
Lepautre, Jean 10
Lesefreundlichkeit 89
Leserlichkeit 47
Linie 89
Logo 19
Markenorientierung 17
Markenzeichen 12
Marktposition 15
Mercedes 12
Mercedes-Stern 11
Monogramm 39
Nutzen-Montage 77
Optische Einheit 10
Papiersorte 79
Pragmatisches Schriftbild 47, 90
Prägung 79
Proportion 89
Punkt 89
Richtung 90
Richtung der Schrift 47
Rillenfalzung 79
Schön- und Widerdruck 77
Schreibschrift 47
Schreibweise 47, 90
Schrift 16, 47f., 60, 89f.
Schriftart 48, 90
Schriftcharakter 48, 90
Schriftgröße 48, 90
Schriftschablone 81
Schriftwahl 79
Schutzmarke 19
Selbstbild 89
Selbstklebefolie 79
Semantisches Schriftbild 47, 90
Sender 89
Signet 42, 89
Stanzung 79
Stil 31
Symbol 39
Syntaktisches Schriftbild 47, 90
Typographie 19, 22, 47
Typographische Anordnung 89
Univers 26
Unternehmenskommunikation 15
Unternehmensphilosophie 12
Vertikaler Rillenfalz 90
Vignette 39, 53
Visuelle Kommunikation 15
Visuelles Erscheinungsbild 89
Visuelle Unternehmenskultur 23
Zellstoff 79

Weitere Literatur zum Themenkreis »Visitenkarten«:

Sylvia Wolf, Briefbogen / Letterpaper, München 1988
dies., Briefbogen 2 / Letterpaper 2, München 1991